DE L'USURPATION

DES

TITRES COMMERCIAUX

PAR

ARTHUR MANGIN

Membre de la Société d'Économie politique, rédacteur du *Journal des Économistes*,
un des auteurs
du *Dictionnaire universel du Commerce et de la Navigation*, etc

Prix : UN franc.

PARIS,

LIBRAIRIE DE COURNOL,

20, RUE DE SEINE, 20.

1863

F

DE L'USURPATION

DES

TITRES COMMERCIAUX

PAR

ARTHUR MANGIN

Membre de la Société d'Économie politique, rédacteur du *Journal des Économistes*,
un des auteurs
du *Dictionnaire universel du Commerce et de la Navigation*, etc.

PARIS,

LIBRAIRIE DE COURNOL,

20, RUE DE SEINE, 20.

1863

DE L'USURPATION

DES

TITRES COMMERCIAUX.

Le Corps législatif est saisi, dans la session de 1863, d'un projet de loi tendant à modifier dans une certaine mesure le Code de commerce, en ajoutant aux trois espèces de sociétés commerciales déjà reconnues par la loi (sociétés anonyme, en commandite et en nom collectif), une nouvelle espèce dite *à responsabilité limitée*. C'est un nouveau pas dans la voie de la liberté économique, c'est une porte de plus qui va s'ouvrir à l'activité commerciale. Faire tomber une à une toutes les entraves, toutes les mesures restrictives qui s'opposent au développement de la richesse, à l'essor de l'intelligence et du travail, c'est assurément une œuvre méritoire, et nous sommes de ceux qui ne se plaindront jamais de la voir s'accomplir trop rapidement et trop largement.

La liberté n'a rien qui nous effraye; nous ne redoutons aucune de ses manifestations, et si elle rencontre tant d'obstacles, cela tient en grande partie à ce qu'elle est mal définie et mal comprise, à ce que beaucoup de gens s'obstinent à la confondre avec ce qui n'est rien moins que la liberté.

On n'attend pas que j'entreprenne ici de discuter à fond un si vaste sujet, et de dégager des préjugés qui l'obscurcissent la notion simple et lumineuse du seul principe sur lequel puissent reposer l'ordre public, la prospérité et la grandeur d'une nation. Ma tâche est infiniment plus modeste. Ce n'est pas même de la liberté commerciale en général, mais seulement d'un cas particulier de cette liberté que je veux m'occuper; et cela, non pour demander la suppression de quelque article gênant du Code de commerce ou du Code pénal, mais tout au contraire pour réclamer contre certains abus l'application des lois existantes, ou, au besoin, la promulgation d'une loi nouvelle!

Qu'on ne se hâte pas trop de m'accuser de contradiction. Le gouvernement propose à la législature de reconnaître une nouvelle forme d'association industrielle. — A merveille : la tendance est bonne, si le projet laisse à désirer; si, comme le soutient M. Blaise (des Vosges), il renferme des dispositions de nature à gêner, à paralyser, à rendre même complétement impossible l'exercice des droits qu'il commence par proclamer [1].

---

[1] *Observations sur le projet de loi concernant les sociétés à responsabilité limitée,* par Ad. Blaise (des Vosges), brochure in-8°. Paris, Guillaumin et Cⁱᵉ, éditeurs. 1863.

Quoi qu'il en soit, l'attention de nos législateurs est sérieusement appelée sur un ordre de questions du plus haut intérêt. Ils comprendront, espérons-le, qu'il y a beaucoup à faire, plus encore peut-être à défaire, pour donner à l'esprit d'entreprise, au travail, à la spéculation même, un légitime et profitable développement.

« Les associations industrielles, disait Rossi, sont » probablement destinées à changer la face du monde, » à révéler la toute-puissance du capital. » A quoi M. Michel Chevalier ajoute avec une haute raison : « L'esprit d'association ne rendra ces services et n'accomplira ces grandes choses qu'autant que, au lieu de perpétuer, en les déguisant, les entraves qui lui avaient été mises, on profitera de la loi nouvelle pour l'en dégager complétement, sous la réserve des lois générales qui ont pour objet la répression du vol et de la fraude [1]. »

Certes, il est impossible de mieux formuler l'ensemble des idées qui doivent inspirer le législateur. Il est désirable, en effet, que l'on profite de la loi nouvelle pour élargir le cercle trop étroit dans lequel l'initiative, soit individuelle, soit collective, des capitalistes et des travailleurs a été jusqu'ici renfermée. Mais ne serait-il pas bon en même temps de mettre ordre à certaines manœuvres qui n'ont avec les grandes entreprises industrielles rien de commun que des apparences mensongères ?

Si l'on trouve bon de légiférer sur les sociétés com-

---

[1] *Introduction aux rapports des membres de la section française du jury international sur l'ensemble de l'Exposition universelle de 1862.* Paris, N. Chaix et Cie. 1862.

merciales, de déterminer les formes et les conditions du contrat dont elles sont l'objet, la manière dont elles doivent se constituer, fonctionner, se dissoudre, c'est apparemment afin de leur assurer en échange de ces obligations certains avantages. Au premier rang de ces avantages se place une protection efficace contre toute concurrence irrégulière ou déloyale; protection que peut réclamer aussi tout individu se livrant, à ses risques et périls et dans les limites prescrites par la loi, à un trafic, à une industrie quelconque.

Garantir à chacun la sécurité de sa personne et de sa propriété, le libre et complet exercice de ses facultés, tel est, en effet, le rôle de la loi; et ce rôle, qui s'applique aussi bien aux êtres collectifs qu'aux simples individus, est, à certains égards, plus particulièrement obligatoire envers ceux qui sont soumis de la part de l'État à des mesures spéciales.

Les commerçants, les industriels sont dans ce cas. La loi non-seulement leur impose des contributions qu'elle ne demande point aux autres citoyens, mais elle entoure de règlements sévères leurs opérations déjà si laborieuses, si fécondes en graves soucis, exposées à tant de chances mauvaises, et sur lesquelles pèse une si lourde responsabilité. Elle considère — et avec raison — cette responsabilité comme le corrélatif et le contre-poids de la liberté qui leur est accordée et des privilèges qui leur sont concédés. Mais puisqu'une telle position est faite aux industriels qui franchement et ouvertement acceptent tous les risques de la spéculation, est-il juste que d'autres puissent s'en affranchir?

Là est toute la question que j'ose soumettre ici au jugement des hommes compétents, et qu'il appartient à nos législateurs de résoudre.

Le commerçant qui paye sa patente et acquitte les droits dont ses marchandises sont frappées, le fabricant qui marque de son estampille ses produits et les tient à la disposition des vérificateurs préposés par l'autorité, la société en commandite ou en nom collectif qui s'est constituée par acte authentique en se conformant aux prescriptions du Code, la société anonyme qui a soumis ses statuts à l'examen du Conseil d'État et à l'approbation du gouvernement, ont acquis par ces seuls faits une propriété *sui generis* aussi sacrée, aussi respectable qu'aucune autre, et pour eux d'autant plus précieuse que de son intégrité dépendent la conservation et l'accroissement de leurs capitaux, des fruits de leur travail, de leur considération. Cette propriété, dira-t-on, est un privilége : — au même titre que toute autre propriété, — avec cette différence qu'elle n'implique point le droit « d'user et d'abuser », qu'elle est circonscrite, qu'en regard des droits qui y sont inhérents, elle impose des devoirs dont la propriété vulgaire est parfaitement affranchie. Elle est donc, à proprement parler, une fonction sociale dont il est dû compte à la loi, à l'État, aux intéressés, et dont les honoraires — j'emploie à dessein ce mot — sont proportionnés à l'intelligence, à l'habileté, mais aussi à la probité du titulaire, à la considération qu'il a su acquérir.

C'est à ce double titre de propriété légitimement acquise et de fonction sociale que l'industrie, régulièrement exercée et responsable de ses actes, a le droit de demander à la loi une sauvegarde contre toute usurpation, contre toute fraude.

Le public n'y est pas moins intéressé, car il a besoin de pouvoir discerner aisément le caractère d'une entreprise pour laquelle on sollicite sa coopération ou sa clientèle, de pouvoir apprécier le degré de confiance qu'elle mérite. Or, il faut bien le dire, cette sauvegarde, dans l'état actuel, est insuffisante, soit parce que la législation commerciale ne la formule pas avec assez de netteté, soit plutôt parce que ses prescriptions ne sont pas assez fidèlement, disons le mot, assez rigoureusement observées.

En tout cas, le Code de commerce est, sous ce rapport, en arrière du Code civil et du Code pénal. Il est encore empreint de l'esprit du passé : il est minutieux ; il se préoccupe de menus détails ; il s'ingère dans les contrats, dans les transactions ; il réglemente, limite, définit, divise et subdivise ; il renferme, en un mot, une foule de dispositions qui, sans doute, ont leur raison d'être, mais qui se rapportent à un ordre de choses particulier, à un certain état de la société, et qui ne sont point, comme on pourrait souhaiter qu'elles fussent, la simple et haute expression de la justice absolue. Il s'agit maintenant d'y en ajouter de nouvelles ; peut-être serait-il préférable d'en retrancher, de tendre à faire rentrer le commerce et l'industrie dans le droit commun au lieu de leur créer un droit à part, qui ne peut être que conventionnel. Mais je ne veux pas insister sur ce point et donner à penser que je cherche à diminuer le respect dû aux lois du pays ; mon intention, je le répète, est toute contraire, et j'estime fermement qu'une loi défectueuse qu'on respecte et qu'on exécute vaut mieux qu'une loi parfaite qu'on néglige ou qu'on élude.

Le Code de commerce reconnaît, outre les entreprises individuelles que chacun peut former à sa guise, des entreprises collectives dont l'espèce et le mode sont définis, et dont chacune est désignée sous un nom spécial. Ce nom est comme un drapeau qu'elle est tenue d'arborer hautement, d'exposer à tous les regards. Il est à la fois le gage de sa sincérité et, si j'ose ainsi dire, l'expression visible de son individualité. D'où il résulte rigoureusement, ce me semble, qu'aucune association ne saurait impunément s'attribuer la dénomination qui appartient à une autre, qu'aucun individu ne saurait de son autorité prendre les qualifications et s'arroger les prérogatives réservées à une association. Cela résulte des principes économiques les plus élémentaires et les plus incontestables. Cela est de droit commun, j'allais dire de droit vulgaire. Il n'y a pas, en effet, de chose plus inviolable que la personnalité, et le nom qui la représente participe nécessairement à cette inviolabilité. La loi civile à cet égard n'entend pas raillerie; elle ne souffre pas qu'un individu introduise dans les actes publics et privés des noms, prénoms ou qualifications qui ne lui appartiennent pas. Que dis-je? Elle va jusqu'à frapper de nullité les actes authentiques où l'ordre des noms inscrits à l'état civil est seulement interverti : si Jean-Pierre Durand s'avise de signer Pierre-Jean Durand, elle lui déclare qu'elle ne le connaît pas. Je ne parle pas du *faux* proprement dit en écriture privée ou publique, que le Code pénal punit avec raison de peines afflictives et infamantes, ni des contrefaçons, ni de l'usurpation des titres et insignes d'une magistrature, que le même Code réprime aussi avec une juste sévérité. Ce sont là autant d'applications du même principe : le respect inviolable dû à la personnalité de chacun, et à tout ce qui la constitue et la symbolise, même d'une manière accessoire.

On a cru devoir, il y a peu d'années, grossir encore le Code d'une nouvelle loi dirigée contre les roturiers qui se parent de titres nobiliaires. Je ne suis pas, je l'avoue, de ceux qui ont applaudi à la promulgation de cette loi, dont le moindre tort est d'être inexécutable. Les faux nobles n'ont point renoncé à leurs puériles prétentions; leurs cartes de visite et les laquais qui chaque jour annoncent à haute voix leurs noms et leurs titres aux portes des salons témoigneraient au besoin contre ces réfractaires de la vanité et prouveraient surabondamment qu'il est certains travers de l'esprit humain au-dessus desquels la loi devrait planer sans même daigner les apercevoir. Que M. Jourdain continue de se faire passer pour gentilhomme, qu'il finisse même par se persuader à lui-même qu'il l'est réellement : il n'est justiciable que du ridicule, et l'éclat de son blason d'emprunt n'éblouira que des sots. La morale publique n'a point à souffrir de ces futilités, et les intérêts en sont encore moins atteints, puisque la noblesse la plus haute ne confère plus à celui qui en est revêtu aucun privilége. Mais il en est tout autrement des titres commerciaux et de la notoriété industrielle.

Ici les noms, dénominations et qualifications représentent ou sont censés représenter non-seulement un capital sonnant, mais encore un crédit, des talents, une honorabilité qui ont une valeur réelle et positive. Ils appellent la confiance ; et la confiance en fait de spéculation, c'est de l'argent. L'abus de confiance est réputé crime ; et, je le demande, n'est-ce pas commettre ce crime que de chercher à inspirer, dans des vues intéressées, une confiance illusoire ?

Donc la loi est insuffisante si elle tolère un tel abus, malheureusement trop fréquent ; on en trouvera maint exemple dans les pièces justificatives jointes au présent écrit. Le commerce sérieux et loyal s'est ému justement des faits de plus en plus nombreux qui se sont produits dans ces dernières années et qui deviennent de jour en jour plus fréquents, plus inquiétants.

Des pétitions ont été adressées an Sénat par des négociants et des industriels de Paris et de Beaune « dans » le but d'obtenir que tout propriétaire ou gérant d'un » établissement de commerce, non autorisé par le Con- » seil d'État à prendre une raison sociale anonyme, soit » tenu de faire usage de son nom propre, ainsi que » l'exige le Code de commerce, et ne puisse employer » des noms abstraits, tels que société, compagnie, en » y ajoutant telle autre appellation générique qu'il lui » plaît de choisir. »

Ces pétitions ont été favorablement accueillies, et MM. les sénateurs Dumas et Bonjean ont, dans leurs remarquables rapports, corroboré par des considérations d'une grande force les arguments par lesquels les pétitionnaires avaient appuyé leur demande. La question est donc résolue en principe, et elle l'est à la fois, j'ose le dire, dans le sens de la justice et de la liberté.

Dans le sens de la justice : car l'usurpation de noms et de titres commerciaux ne saurait, je le répète, être considérée comme innocente, alors que celle des noms et titres nobiliaires, — que dis-je? celle d'une simple particule est considérée comme un délit. Car cette usurpation n'est pas seulement, dans la grande majorité des cas, une vaine satisfaction que se donne la vanité, c'est un artifice mensonger pour jeter, comme on dit, « de la poudre aux yeux » du public, pour capter la confiance et soutirer l'argent des crédules, pour cacher sous des appellations pompeuses le néant d'entreprises auxquelles manquent et les ressources solides, et le crédit et souvent même l'honorabilité commerciale, et qui tomberaient d'elles-mêmes si elles se montraient telles qu'elles sont. Les tribunaux ne savent que trop à quoi s'en tenir à cet égard.

Dans le sens de la liberté : car ce nom sacré, que ses ennemis même les plus décidés ne prononcent pas sans respect, ne doit point être invoqué en faveur du charlatanisme, de la fraude et de l'escroquerie.

La liberté n'est autre chose que le plein exercice du droit. Lorsqu'on parle de liberté illimitée — telle que je la voudrais en toutes choses, — on entend la liberté débarrassée de tous les obstacles créés en vertu d'exigences politiques qui peuvent paraître utiles dans telle situation, dans tel système de gouvernement, mais qui ne reposent sur aucun principe absolu de morale ou de conservation sociale, puisque dans les pays où ces obstacles sont réduits à peu de chose ou même n'existent pas, la morale ne laisse pas d'être florissante, la société de se maintenir et la civilisation de progresser. La liberté illimitée a donc en réalité des limites, mais des limites tracées par elle-même. Elle implique nécessairement le respect des droits de chacun et de tous, et nul ne peut en jouir que sous sa responsabilité. Or l'usurpation des titres commerciaux est à la fois une atteinte portée aux droits des légitimes possesseurs de ces titres, et un stratagème pour éluder la responsabilité qui incombe à tout individu exerçant un négoce, une industrie, un art, un métier quelconque. On ne satisfait, en la tolérant, aucun besoin réel, aucun intérêt avouable; au contraire, on expose le public à des fraudes contre lesquelles il ne possède aucun préservatif, et l'on favorise implicitement le commerce apocryphe, la spéculation pseudonyme, au détriment de l'industrie loyale et du travail consciencieux.

Qu'il soit loisible au premier venu de former telle entreprise que bon lui semble, fût-elle la plus insensée du monde : rien de mieux ; mais qu'il le fasse au grand jour, et que s'il s'appelle Pierre ou Jacques il n'écrive pas sur son enseigne et dans ses prospectus : *Société universelle, Compagnie générale, — Agence centrale,* etc. La loi ne réserve qu'aux sociétés anonymes dûment autorisées le droit de prendre de semblables dénominations; et si demain les sociétés anonymes étaient abolies, ce serait encore une raison péremptoire pour que nul ne pût dissimuler sa personnalité sous les apparences d'une institution privilégiée que l'État ne reconnaîtrait plus.

Objectera-t-on que ces déguisements sont en eux-mêmes inoffensifs; qu'il n'y faut voir qu'une des mille formes de *réclame* dont se sert journellement le commerce pour attirer par l'éclat ou le tapage l'attention publique, et que l'État aurait aussi mauvaise grâce à vouloir réprimer ces hableries qu'à interdire à tel charlatan de s'affubler d'un casque et d'une cuirasse pour débiter en plein vent sa marchandise?

A cet argument la réponse est facile : battre la caisse et sonner la trompette, chercher par des annonces pompeuses à se donner du relief et de la notoriété, c'est un procédé que les gens sérieux approuvent d'autant moins qu'il n'est jamais entièrement exempt de mensonge; mais le mal qu'il peut causer n'est pas bien grand. Le bon sens suffit pour mettre les gens en garde contre de telles amorces, et les niais qui s'y laissent prendre en sont quittes à bon marché. L'industriel qui stationne sur les places orné d'une armure de fantaisie et accompagné d'un joueur d'orgue ne fait accroire à personne qu'il est un guerrier fameux; il fait hautement et carrément profession de charlatanisme et soutient seulement que ses crayons sont bons — ce qui est bien possible après tout. Il ne se prétend point le gérant d'une *Compagnie générale*, le représentant d'une association puissante et riche, il ne cherche que des acheteurs et non des actionnaires; il n'enrôle pas des commis en exigeant d'eux un cautionnement qu'il ne leur rendra point et en leur promettant des **appointements** qu'il ne leur payera jamais. Et la plupart des aventuriers qui se dissimulent sous ces dénominations fallacieuses de compagnies, d'agences, de sociétés, ne font pas d'autre métier. A l'appui des exemples qu'on trouvera aux pièces justificatives, j'en ajouterai un que je n'ai pu, faute de détails assez précis, y faire figurer, mais que je garantis, le tenant de bonne source.

Un de mes amis, le baron de P..., se trouvant, il y a quelques années, à la suite d'un procès perdu et d'une brouille de famille, dans une situation analogue à celle du *Jeune homme pauvre,* de M. Oct. Feuillet, vint à Paris et s'y mit en quête d'une occupation lucrative. Une annonce tomba sous ses yeux : c'était celle d'une *Administration générale des locations* — point d'autre nom — qui venait de s'établir à Paris, et qui se constituait intermédiaire entre les propriétaires et les locataires. *On* demandait des employés qu'*on* promettait de bien rétribuer. Ce titre d'*Administration générale* fit sur l'esprit de notre jeune gentilhomme l'effet ordinaire. Il court au siége de l'agence et propose ses services, qui sont agréés. « Il faut, lui dit-*on*, louer un local dans un quartier de Paris, pour y recevoir les offres et demandes des habitants. Vous verserez un cautionnement de deux cents francs, et vous recevrez en outre de votre traitement fixé à... (j'ai oublié les chiffres) une prime de... sur les affaires que vous ferez. » M. de P. accepte ces conditions, verse le cautionnement exigé et s'installe au rez-de-chaussée d'une maison située dans le faubourg Saint-Antoine et appartenant à un de ses parents. Un mois, deux mois s'écoulent : les clients venaient peu, et les appointements ne venaient point. M. de P. finit par concevoir quelques inquiétudes et s'en ouvre à un de ses collègues, qui avait titre d'inspecteur et venait à des jours donnés vérifier ses livres. L'inspecteur avait versé lui aussi un cautionnement de deux cents francs, et, non plus que M. de P., n'avait encore reçu un centime de l'Agence.

Les révélations mutuelles des deux employés ayant fortifié leurs soupçons, ils se décident de concert à aller dès le lendemain réclamer leurs cautionnements et leurs honoraires. Mais lorsqu'ils se présentent aux ci-devant bureaux de l'*Administration, on* avait disparu. Ni M. de P. ni son collègue n'ont rien su de plus de cet être mystérieux.

Eh bien, je le demande, n'est-il pas évident que si le jeune baron, au lieu de lire aux annonces du journal : *Administration centrale ou générale de locations,* y eût lu : *Jean Dubois* ou *Anatole Durand,* agent de locations, il se fût beaucoup moins empressé d'aller offrir ses services et confier son argent à ce simple particulier ? Il eût montré alors une défiance probablement injuste, car ce Jean Dubois ou Anatole Durand, qui n'eût point caché son nom ni cherché à éblouir par des mensonges, eût présenté, par cela seul, des garanties de bonne foi et de solvabilité; — mais la défiance est mère de la sûreté, et mieux vaut encore se tenir sur la réserve vis-à-vis des honnêtes gens que se jeter aveuglément dans les mains des fripons.

Mais, dira-t-on encore, parmi les entreprises qui

s'attribuent de leur propre autorité des dénominations fictives, il en est qui sont réellement des associations régulièrement constituées, sinon comme sociétés anonymes, au moins comme sociétés en commandite ou en nom collectif ; qui font honneur à leurs engagements et auxquelles les intéressés n'ont point lieu de regretter d'avoir accordé leur confiance. Sans l'innocent artifice que vous leur reprochez, et qui répond après tout à une manie du public, le succès, malgré leurs bonnes intentions et leurs heureuses combinaisons, eût pu les trahir ; les dehors dont elles se sont parées sont un des éléments de leur prospérité, et il ne faut point se plaindre de cette légère tromperie, puisqu'elle a tourné au profit des actionnaires et des consommateurs.

Cet argument revient au fameux axiome : « La fin justifie les moyens », axiome détestable au nom duquel on absoudrait toutes les fourberies et tous les crimes. Non : le succès ne justifie, n'excuse aucun acte immoral en soi ; il n'excuse pas plus le mensonge que la violence, et la fameuse maxime que je viens de citer est aussi funeste en économie commerciale et industrielle qu'en politique. C'est une étrange manière de faire le bien que de commencer par faire le mal ; et approuver la fraude et l'usurpation sous le prétexte que quelques individus n'en ont usé qu'avec discrétion et pour faire prévaloir d'heureuses combinaisons, c'est vraiment faire la partie trop belle aux gens tarés, et exposer à de trop fortes tentations les moralités chancelantes. Il est manifeste, d'ailleurs, que dans l'espèce les exemples que l'on invoque sont l'exception, tandis que les exemples contraires forment la règle. Si vos intentions sont bonnes, pourquoi les produire sous une forme trompeuse? Si votre nom est sans tache, pourquoi le taire? — Si vos antécédents sont sans reproche, pourquoi ne point les faire connaître? Ne serait-ce pas la meilleure des réclames? — Si vos ressources sont réelles et solides, qu'avez-vous à faire de vaines hâbleries? — Le moindre des citoyens à qui vous demandez ses capitaux, — ses épargnes, — à qui vous vantez votre habileté, votre probité, doit avant tout savoir qui vous êtes. Artistes, écrivains, artisans, manufacturiers, quiconque travaille et produit se fait un devoir et un honneur de signer ses œuvres de son nom. Quel excès de modestie ou quel orgueil de mauvais aloi vous défend d'obéir à cette loi commune?...

J'arrive à une dernière objection, tirée de l'un des principes fondamentaux du libéralisme. Vous repoussez, d'une manière générale et presque absolue, nous dit-on, l'intervention de l'État dans les affaires privées et dans les transactions. Vous affirmez que la liberté corrige ses propres abus; vous souhaitez que les citoyens apprennent enfin à marcher sans lisières, à se conduire eux-mêmes, à se passer de la tutelle gouvernementale; vous proclamez que l'instruction répandue dans le peuple par l'enseignement et par la presse, l'obligation pour chacun de discerner ce qui est bon de ce qui est mauvais, et de ne compter que sur ses propres forces et sa propre intelligence, sont les plus sûrs et les meilleurs correctifs aux prétendus écarts de la liberté; qu'en matière commerciale enfin, la libre concurrence, dégagée de tout monopole, de toute réglementation administrative, est le seul système économique qui convienne aux nations modernes. D'où vous vient donc aujourd'hui cette grande sollicitude pour les sociétés privilégiées? D'où vient que vous ne trouvez plus la liberté assez forte contre les manœuvres de quelques industriels trop peu sincères? Quoi! c'est vous, vous partisan du *self government*, qui faites si peu de fonds sur le bon sens public, sur les sages avis de la presse, que vous implorez le secours de l'État, la rigueur des lois, — contre des choses? — Non, contre de vains mots!

Voilà, ce me semble, l'argument le plus sérieux contre ma thèse; et l'on reconnaîtra, j'espère, que je n'ai point cherché à l'affaiblir. Il ne m'embarrasse point.

Et d'abord je ferai observer qu'il ne faut point raisonner ici dans l'hypothèse d'un système de liberté illimitée qui n'existe pas chez nous. L'action administrative se fait encore partout sentir, et le nouveau projet de loi que va voter le Corps législatif prouve assez que l'État n'entend nullement renoncer à la surveillance et au contrôle des combinaisons industrielles. De même que l'État ne reconnaît en France qu'un certain nombre de cultes, de même aussi il ne reconnaît qu'un certain nombre de sociétés commerciales. Je ne dis pas que cela soit pour le mieux; mais cela est ainsi : ne l'oublions pas. Ce n'est point la cause des sociétés privilégiées que je plaide. Je ne vois aucun mal à ce qu'on leur fasse une vigoureuse concurrence; mais je veux que cette concurrence soit loyale, et que le public en profite au lieu

2.

d'en payer les frais. Qu'on veuille bien, au surplus, le remarquer : ce ne sont point les grandes compagnies anonymes qui ont sérieusement à souffrir de ces comédies, ce sont les simples compagnies en commandite et en nom collectif ; ce sont plus encore les entreprises individuelles. « Deux hommes égaux par la capacité, les ressources et l'application au travail, dit une des pétitions dont j'ai parlé plus haut, établissent un commerce de même nature ; l'un prend sa raison sociale dans le nom de son père, il est Bernard et compagnie pour le public ; l'autre trouve que la sincérité n'est pas de bon aloi, il s'appelle Compagnie générale ; dès ce moment l'égalité est rompue, et ce n'est pas en faveur de l'honnêteté des moyens. » — Comment savoir, en effet, si la *Compagnie générale* est réellement une compagnie autorisée à garder l'anonyme, ou si elle n'est qu'un mythe derrière lequel se cachent un ou plusieurs individus sans consistance, sans autre capital que leur audace ? Que peuvent, pour éclairer le public, quelques avertissements officieux donnés çà et là par des gens qu'on ne manquerait pas d'accuser de jalousie et de méchanceté ? En quoi, d'ailleurs, pourraient consister ces avertissements ? Faudrait-il engager les capitalistes et les consommateurs à se défier de tout établissement qui ne se présente point sous les auspices de noms personnels ? mais alors la défiance atteindrait nécessairement les vraies sociétés anonymes, dont plusieurs offrent aux détenteurs de fonds des placements très-avantageux, et l'industrie verrait l'argent s'éloigner d'elle pour se réfugier dans les caisses de l'État ou se

porter vers un petit nombre d'exploitations placées
sous l'égide des princes de la finance. Ce qui importe,
au contraire, c'est que le capital puisse se répandre,
se répartir sur toutes les entreprises fondées dans un
but utile et ayant des chances probables de succès ; et
ce but ne peut être atteint que par une entière sincérité
dans les transactions.

Qu'on y prenne garde : l'abus contre lequel nous
nous élevons est un symptôme plus grave et plus fâcheux
qu'on ne pense, c'est un symptôme du relâchement des
mœurs commerciales, de cette soif de lucre qui rend
tant de spéculateurs peu scrupuleux sur le choix des
moyens. Le mensonge peut sembler un péché véniel à
certaines gens, et j'approuve qu'on dédaigne de le
punir lorsqu'il n'est que honteux pour ceux qui le com-
mettent ; mais il tombe sous le coup de la loi, il rentre
dans la catégorie des délits qualifiés, lorsqu'il devient
l'auxiliaire du dol et de la captation ; car alors il décon-
sidère le commerce, ébranle la confiance et décourage
le crédit. Les personnes qui en ont été dupes une fois
ne voient plus partout que surprise et tromperie.

> Qui semel ut læsus fallaci piscis ab hamo
> Omnibus unca cibis æra subesse putat.

Et l'on s'étonne après cela de la stagnation des affaires, de la répugnance des capitalistes à engager leurs
fonds dans l'industrie !

Oui, je veux qu'une complète liberté soit laissée à
toutes les spéculations ; mais à toutes les spéculations
honnêtes, ayant pour but de féconder le capital par le

travail; aux spéculations qui s'annoncent pour ce qu'elles sont et non pour ce qu'elles ne sont pas. Oui, je veux que l'association soit possible sous toutes les formes : association du travail et du capital, association des capitaux entre eux, association des travailleurs; mais je veux que les intéressés, — et les intéressés, d'ordinaire, c'est tout le monde, — sachent tout d'abord à quelle espèce d'association ils ont affaire.

Oui, je repousse les réglementations administratives, l'ingérance de l'autorité dans les transactions; mais je réclame énergiquement la protection de la loi en faveur de tous, contre les choses et même contre les mots et les noms qui portent atteinte à la morale, à la propriété, aux droits du travail, à la vérité.

Qu'on ne s'y trompe pas : les mots, les noms ont leur importance; nul ne le sait mieux que ceux qui en abusent ou en mésusent. Je ne parle plus seulement des noms dont la loi elle-même a défini le sens, mais aussi de ceux auxquels l'usage attribue une signification déterminée et qui, détournés de cette signification ou appliqués à un objet autre que celui qu'ils doivent désigner, constituent au premier chef un mensonge, un leurre, et trop souvent un piége.

Il est certain, par exemple, que les mots *Compagnie, Société*, représentent, pour la grande majorité du public, une compagnie anonyme; qu'ils impliquent en tout cas l'idée d'une association étendue, disposant de ressources considérables et opérant sur une grande échelle; qu'en conséquence, c'est déjà en dénaturer le sens que de les attribuer à une entreprise formée en commandité ou en nom collectif, et qui, suivant le texte de la loi, doit être désignée par une raison sociale où ne doivent figurer que les noms des associés.

L'abus est flagrant et l'amplification par trop forte, lorsqu'à ce mot *Compagnie* ou *Société* vient s'ajouter quelque épithète telle que *générale*, *centrale*, *européenne*, *anglo-française*, etc., ou toute autre, de nature à faire croire que ladite Société embrasse une vaste collectivité d'intérêts et englobe dans son sein toute une catégorie d'industriels ou de négociants.

En vain, pour éluder la loi en paraissant la respecter, on fait figurer dans un coin de l'enseigne ou du prospectus, en caractères imperceptibles, la vraie raison sociale : *Un tel et compagnie*. La tromperie n'en subsiste pas moins. Si vous êtes un tel et compagnie, votre entreprise n'est qu'une entreprise particulière. De quel droit donc l'intitulez-vous : *Compagnie centrale, Société générale* ou *européenne?*—Que cinq, dix, quinze, vingt tailleurs, passementiers, chocolatiers, parfumeurs, s'associent pour exercer leur industrie : leur sera-t-il permis pour cela de se dire Société ou comptoir central ou général de l'habillement, — de la passementerie, — de la parfumerie, — de la chocolaterie ? Ces dénominations n'ont-elles pas pour but évident de persuader que la prétendue Société générale, le prétendu comptoir central absorbe en lui seul toutes les ressources précédemment éparpillées dans les ateliers et les magasins appartenant à d'humbles individus ? Leur effet n'est-il pas de donner le change à l'opinion publique sur le véritable caractère de l'entreprise, sur l'étendue de ses ressources et sur la valeur de ses produits ? N'est-il pas aussi de donner, — qu'on me passe cette métaphore vulgaire, — un croc-en-jambe à la concurrence des industries similaires ?... Il ne peut y avoir sur ces questions de fait aucun doute. Il ne peut y en avoir davantage sur la question de droit.

Encore une fois, il ne s'agit pas ici de réglementation, de restriction à la liberté : il s'agit de répression contre la fraude et la supercherie ; il s'agit de faire régner dans l'industrie et dans le commerce, comme partout ailleurs, la sincérité, la probité, l'équité ; de veiller à ce que cette lutte féconde de l'intelligence et du travail qui a nom *la concurrence* n'ait lieu qu'à armes égales et à visage découvert, à ce que dans cette grande partie où les intérêts les plus respectables sont en jeu, nul ne puisse introduire des dés pipés et des cartes biseautées.

PIÈCES JUSTIFICATIVES.

Lettre de M. le Sénateur, secrétaire du Sénat.

« Paris, le 25 juillet 1860.

» Monsieur,

» Le Sénat, dans sa séance du 24 juillet, après avoir entendu le rapport fait au nom de la commission des pétitions, a prononcé le renvoi à LL. EE. M. le garde des sceaux, ministre de la justice, et à M. le ministre de l'agriculture, du commerce et des travaux publics, de la pétition enregistrée sous le n° 84, et relative aux *dénominations sous lesquelles certains commerçants exercent leur industrie.*

» J'ai l'honneur de vous saluer avec une considération très-distinguée,

» Le Sénateur, secrétaire du Sénat,

» Baron de Lacrosse. »

Copie de la pétition adressée au Sénat, ayant pour objet d'obtenir que tout propriétaire ou gérant d'un établissement de commerce, non autorisé par le Conseil d'État à prendre une raison sociale anonyme, soit tenu de faire usage de son nom propre, ainsi que l'exige le Code de commerce, *et ne puisse employer des noms abstraits, tels que* Société, Compagnie, *en y ajoutant telle autre* appellation générique *qu'il lui plaît de choisir.*

A SON EXCELLENCE LE PRÉSIDENT DU SÉNAT.

« Excellence,

» La loi qui fait un délit de l'usurpation d'un titre nobiliaire ou d'une qualification honorifique a été accueillie avec satisfaction par l'opinion publique. Elle a mis un frein à une mauvaise tendance de la vanité humaine, elle a supprimé des abus qui, trop souvent, ne servaient qu'à l'exploitation des gens crédules ; elle a été utile, en ramenant les esprits à des habitudes de sincérité dans les rapports sociaux.

» Mais il y a une insuffisance dans cette loi : restreinte aux qualifications nobiliaires, elle laisse le champ libre à l'usurpation d'autres titres, qui ne sont pas moins en honneur dans le monde commercial que les noms héraldiques parmi les personnes investies d'un blason légitime.

» Frappé de cette lacune dans la lettre de cette loi, nous prenons la liberté de vous signaler les abus qu'elle laisse subsister, et les inconvénients de l'ordre moral et matériel que ces abus entraînent avec eux.

» Les titres de Société, de Compagnie, ne peuvent être appliqués à la dénomination d'une entreprise commerciale suivant la fantaisie ou la vanité du premier venu.

» D'après la règle posée par le Code de commerce, cette qualification a de la valeur parce qu'elle signifie qu'un groupe d'associés, après un contrôle de la moralité et de la solidité de leur entreprise, a reçu l'autorisation légale d'employer une pareille dénomination au lieu d'une raison sociale nommant les personnes. Dès que l'opinion suppose l'intervention de l'État, elle voit des garanties d'honnêteté et de capacité qui appellent largement la confiance et le crédit. Faire croire à une autorisation en prenant, d'emblée, le titre de Compagnie ou de Société, c'est se donner publiquement un privilége et les bénéfices de la considération qui s'y rattachent et qui classent dans un rang supérieur une exploitation commerciale, de même qu'une qualification nobiliaire classe l'individu. Or, s'il a paru utile, nécessaire, de défendre à chacun d'ajouter à son nom une particule ou un titre honorifique, il n'est pas moins urgent d'interdire au commerçant de décorer son entreprise d'une dénomination qui n'est pas vraie, et qui, dans certaines circonstances, peut être une manœuvre pour faire croire à un crédit imaginaire dont les conséquences sont graves parce qu'elles bouleversent les existences.

» N'agitant que la question de principe, il n'entre pas dans notre rôle de citer des faits pour justifier cette affirmation ; que l'usurpation du nom de Compagnie, de

Société serve de moyen pour surprendre la bonne foi et multiplier le nombre des dupes, les exemples sont trop nombreux dans les annales des tribunaux.

» Nous reconnaissons sans peine que, sous ces fausses dénominations de Société, de Compagnie, on trouve des maisons de commerce faisant les affaires avec loyauté et succès, mais leur titre n'en est pas moins une usurpation, un relief mensonger auquel elles n'ont aucun droit (1) : or, en s'arrogeant une qualification illégitime, on blesse le droit des autres. C'est ainsi que

---

(1)   CODE DE COMMERCE.

LIVRE PREMIER, TITRE III, DES SOCIÉTÉS.

ARTICLE 19. La loi reconnaît trois espèces de sociétés commerciales : — La *société en nom collectif*, — la *société en commandite*, — la *société anonyme*.

ARTICLE 20. La *société en nom collectif* est celle que contractent deux personnes ou un plus grand nombre, et qui a pour objet de faire le commerce sous une *raison sociale*.

ARTICLE 21. Les noms des associés peuvent *seuls* faire partie de la *raison sociale*.

ARTICLE 23. La *société en commandite* se contracte entre un ou plusieurs associés responsables et solidaires, et un ou plusieurs associés simples bailleurs de fonds, que l'on nomme *commanditaires* ou *associés en commandite*. Elle est régie sous un *nom social*, qui doit être *nécessairement* celui d'un ou plusieurs des associés responsables et solidaires.

ARTICLE 29. La *société anonyme* n'existe point sous un nom social; elle n'est désignée par le nom d'aucun des associés.

ARTICLE 30. Elle est qualifiée par la désignation de l'objet de son entreprise.

ARTICLE 37. La *société anonyme* ne peut exister qu'avec l'autorisation de l'Empereur, et avec son approbation pour l'acte qui la constitue; cette approbation doit être donnée dans la forme prescrite pour les règlements d'administration publique.

l'a compris le rapporteur du Conseil d'État, en faisant l'exposé des motifs de la loi sur l'usurpation des titres nobiliaires. Il signale comme un argument en faveur de cette loi la nécessité de donner satisfaction aux plaintes des légitimes possesseurs de ces noms honorifiques. On peut donc invoquer les mêmes motifs de justice envers la généralité des commerçants non moins intéressés à ce qu'un certain nombre d'entre eux ne détournent pas à leur profit la considération et la confiance publique, en se parant de titres qui ne leur appartiennent pas.

» Deux hommes égaux par la capacité, les ressources financières et l'application au travail, établissent un commerce de même nature; l'un prend sa raison sociale dans le nom de son père, il est Bernard et Compagnie pour le public; l'autre trouve que la sincérité n'est pas de bon aloi, il s'appelle Compagnie générale : dès ce moment, l'égalité est rompue, et ce n'est pas en faveur de l'honnêteté des moyens. Les tendances de caractère de notre nation sont ainsi faites; on prend volontiers les mots pour les choses. Heureusement aussi que chez nous les bonnes lois redressent facilement les erreurs; celle qui règle les brevets d'invention a rompu l'exagération du prestige que les brevetés se donnaient auprès du public, il reste à faire application du même principe pour arrêter ce débordement de fantaisie et de mensonges dans les appellations commerciales.

» Convaincus que ces abus :

» Déconsidèrent le commerce français;

» Qu'ils cachent sous des noms anonymes une responsabilité qui moralement doit peser sur des noms propres ;

» Qu'ils sont une porte ouverte à la fraude ;

» Nous venons solliciter la haute et puissante intervention du Sénat auprès du Gouvernement de l'Empereur, pour qu'il lui plaise prendre en considération notre demande et pourvoir à la répression de l'abus commercial objet de notre plainte.

» Les soussignés ont l'honneur d'être avec le plus profond respect,

» de Votre Excellence,

» Monsieur le Président,

» Les très-humbles et très-obéissants serviteurs. »

(Suivent les signatures.)

En 1861, une autre pétition, signalant le même abus, a été adressée au Sénat par soixante commerçants de Beaune.

Rapport de M. le sénateur Bonjean sur cette dernière pétition.

M. le sénateur Bonjean, nommé rapporteur, s'est exprimé en ces termes, dans la séance du 27 avril 1861 (*Extrait du Moniteur du 28 avril 1861*) :

« Soixante commerçants de Beaune (Côte-d'Or) signalent au Sénat l'emploi abusif, par certains commerçants, des dénominations caractéristiques de la Société anonyme ; ils demandent que cet abus soit réprimé par les voies judiciaires, et, au besoin, par des dispositions législatives nouvelles, si la législation existante ne semble pas suffisamment armée.

» Une pétition, ayant le même objet, nous a été déjà soumise, dans le cours de la dernière session, par trente-trois industriels de Paris. Au rapport de notre collègue M. Dumas, cette pétition fut renvoyée au ministre de la justice et à celui du commerce et de l'agriculture. Dans le rapport annuel à l'Empereur sur les pétitions renvoyées, il a été répondu dans les termes suivants :

« Le conseil d'État, étant actuellement saisi d'un projet tendant à la réforme de divers articles du Code pénal, sera appelé à examiner, à cette occasion, la question de savoir s'il n'y aurait pas lieu d'ajouter à ce code une disposition tendant à sanctionner les règles du Code de commerce, relativement aux dénominations des commerces exercés. »

» Votre rapporteur s'est assuré, Messieurs les sénateurs, que, si un projet portant modification de quelques articles du Code pénal avait été en effet soumis au conseil d'État, il n'y était fait aucune mention de la question spéciale que vous aviez recommandée à l'attention du Gouvernement. Cette omission tient sans doute aux termes un peu trop généraux dans lesquels cette question paraît avoir été formulée; et c'est pour cela que nous croyons devoir vous présenter quelques nouvelles observations sur un point qui ne saurait être sans importance, puisqu'il touche à la loyauté commerciale et à la foi publique.

» Les trois sociétés qu'autorise le Code de commerce

offrent chacune des garanties et des caractères particuliers, qui ont dû naturellement influer sur la forme
de la *raison sociale* ou de la *désignation* sous laquelle
chaque espèce de société peut annoncer son existence
et contracter avec le public.

» Dans la société *en nom collectif*, tous les associés
sont personnellement, solidairement et indéfiniment
responsables des engagements sociaux (C. com., article 22). Or, comme, d'une part, cette société peut s'é-
tablir librement, sans aucun contrôle de l'autorité publique; et que, d'autre part, la garantie, qui résulte
de la responsabilité personnelle varie suivant la moralité, la capacité et la fortune des associés responsables,
le législateur a été logiquement conduit à décider que la
raison sociale de ce genre de société se composerait des
noms des associés et de ces noms seulement (art. 21).

» La société *anonyme* se présente avec des caractères
diamétralement opposés. Dans cette société, nul n'est
personnellement et indéfiniment responsable des dettes
sociales, car les *actionnaires* ne sont obligés que jusqu'à
concurrence du montant de leurs actions (art. 33), et
les *administrateurs* sont de simples mandataires qui
obligent l'être de raison, appelé *société,* sans s'obliger
eux-mêmes (art. 31 et 32). Aussi, à défaut de la responsabilité personnelle qui n'existe pas, a-t-il fallu
chercher des garanties dans le contrôle de l'autorité
publique. Nulle société anonyme ne peut donc exister
sans l'autorisation du Gouvernement (art. 37), et cette
autorisation n'est accordée qu'après que le conseil d'État
s'est assuré, par l'examen attentif des statuts et des

autres conditions d'existence de la société, qu'elle est loyalement et prudemment constituée. Cet examen, malgré le soin si consciencieux qu'y apporte le conseil d'État, n'a sans doute pas empêché que certaines compagnies anonymes ne fissent de mauvaises affaires ; mais ce n'a été là qu'une exception, et, à l'honneur de la législation française, on peut dire que généralement les sociétés anonymes ont mérité la confiance que leur accorde le public. La société anonyme ne peut avoir de raison sociale tirée des noms des associés ; elle est qualifiée soit par l'objet de l'entreprise (*Compagnie d'assurance contre l'incendie, Comptoir d'escompte de...*, *Chemin de fer de...*, etc.), soit par quelque nom symbolique, tel que *le Phénix, le Soleil, l'Union,* etc. (art. 29 et 30).

» Entre les deux sociétés dont nous venons de parler, mais plus près de la première que de la seconde, se place la société *en commandite*, qui comprend un ou plusieurs associés en nom collectif, indéfiniment responsables, et des bailleurs de fonds ou commanditaires qui, comme les sociétaires de la compagnie anonyme, ne sont engagés que jusqu'à concurrence de leurs mises (art. 23 et 24). Comme la société en nom collectif, la société en commandite s'établit sans aucun contrôle du Gouvernement ; elle n'offre de garantie que celle qui résulte de la moralité et de la fortune des associés en nom collectif ; et, par suite, les noms de ces associés peuvent seuls figurer dans la raison sociale (art. 25 et 26). Au point de vue des garanties, la société en commandite serait donc à peu près dans les mêmes conditions que celle en nom collectif; mais la faculté accordée par la loi de diviser en actions le capital de la commandite (art. 38), et même, d'après la jurisprudence, en *actions au porteur*, a permis à beaucoup de sociétés en commandite d'affecter les allures de la société anonyme, et d'*usurper ainsi la confiance que le public est disposé à accorder à cette dernière.*

» En résumé donc, le signe extérieur auquel le public peut distinguer les diverses espèces de sociétés, c'est, pour la société en nom collectif et en commandite, une raison sociale composée des *noms des associés,* pour la société anonyme, au contraire, l'absence de tout nom d'associé, et à la place de ces noms, *une qualification tirée de l'objet de l'entreprise* ou *quelque appellation symbolique offrant le même sens.*

» Ceci rappelé, il est facile d'apprécier le genre d'abus signalé par les pétitionnaires.

» Ils affirment, et le fait est incontestable, que beaucoup d'établissements commerciaux, bien que n'étant nullement autorisés comme *sociétés anonymes,* usurpent, dans leurs prospectus et factures, les qualifications génériques ou symboliques que la loi réserve à la seule société anonyme; au lieu de se produire au public sous la raison sociale composée des noms des associés, ces établissements prennent des qualifications empruntées à l'objet de leur entreprise.

» En agissant ainsi, certaines maisons honorables cèdent sans doute seulement à un sentiment de puérile vanité; mais, pour beaucoup d'autres, ce peut être un moyen déloyal de capter la confiance que le public français accorde, non sans raison, à la forme anonyme, et par conséquent un moyen de concurrence préjudiciable pour les négociants plus honnêtes.

» Ainsi, pour emprunter l'exemple cité par la pétition, deux hommes égaux en fortune et en capacité fondent dans la même ville des commerces de même nature. Le premier, fidèle à la loi, se présente au public sous la raison sociale empruntée à son nom de famille; il est tout simplement *Bernard et C*. Le second, trouvant cette sincérité hors de propos, prend quelque titre fastueux, tel que *Compagnie générale de..., Caisse centrale de..., Banque de...,* etc.

» De ce moment l'égalité est rompue, et ce n'est pas au profit du plus honnête.

» Ces abus, plus fréquents aujourd'hui que jamais, ne sont pas nouveaux, et plus d'une fois ils ont attiré l'attention de l'autorité supérieure, sans que jusqu'ici, à notre connaissance du moins, il ait été rien fait pour les réprimer.

» Aussi, en 1845, les conseils généraux de l'agriculture, des manufactures et du commerce, furent consultés sur la question de savoir « s'il y avait lieu d'interdire expressément à toutes les sociétés en commandite, sans exception, de prendre une dénomination tirée de l'objet de l'entreprise, en les obligeant à se désigner exclusivement par le nom social composé comme il est dit en l'article 23 du Code de commerce ».

» Le conseil général de l'agriculture se prononça pour l'*affirmative*.

» Le conseil général des manufactures admit la dénomination tirée de la nature de l'entreprise, mais seulement comme *complément* des noms propres composant la raison sociale. « La raison sociale, disait-il, est sans doute le seul nom légal de la société en commandite, le seul sous lequel cette société puisse contracter; mais, à côté de ce nom, quel mal y a-t-il de placer, comme une sorte d'annonce résumée, une dénomination qui fasse connaître au public l'objet des opérations? Qu'importe que ce soit ainsi que procèdent les sociétés anonymes? Chaque industriel n'en peut-il pas faire autant pour ses entreprises, et n'y a-t-il pas dans cette annonce avantage pour tout le monde? » Le conseil général terminait en s'en référant aux lois existantes et à la jurisprudence des tribunaux.

» Ces lois, que le conseil général considérait comme suffisantes, vous les connaissez, messieurs les sénateurs.

» Ce sont d'abord les dispositions du Code de commerce que nous avons analysées au commencement de ce rapport. Mais, il faut le reconnaître, si le Code de commerce précise ce que doit contenir soit la raison sociale des sociétés en nom collectif et en commandite, soit la qualification de la société anonyme, il n'interdit pas expressément aux deux premières de prendre en public des qualifications analogues à celles qui sont indiquées pour la troisième : or, dans le silence de la loi, il y aurait assurément grande difficulté pour les tribunaux à suppléer, par induction, une prohibition de ce genre.

» L'usurpation des apparences de la société anonyme

pourrait sans doute, en beaucoup de cas, être considérée comme une manœuvre frauduleuse qui est un
des éléments du délit d'escroquerie, et les tribunaux
appliqueraient l'art. 405 du Code pénal. Mais, outre
que des poursuites de cette nature ne peuvent avoir
lieu que dans les cas extrêmes, elles arrivent le plus
souvent trop tard, sinon pour punir le coupable, au
moins pour empêcher la spoliation des victimes.

» N'est-il pas évident, au surplus, que, depuis 1845,
époque à laquelle le conseil général émettait l'opinion
que nous avons rappelée plus haut, le charlatanisme et
l'effronterie des spéculateurs ont fait d'incontestables
progrès, et que la législation ancienne, qui pouvait
sembler suffisante à cette époque, peut ne plus l'être
aujourd'hui ?

» Dans son rapport de l'an dernier, notre collègue
M. Dumas vous a cité diverses affaires jugées par les
tribunaux correctionnels, et dans l'une desquelles no-
tamment un aventurier qui, en se présentant sous son
nom, n'eût pas obtenu le moindre crédit, était par-
venu, sous le titre pompeux de *Compagnie franco-belge*,
à recueillir cinq millions de souscriptions.

» L'année qui s'est écoulée depuis le premier rapport
a apporté à cette scandaleuse nomenclature un con-
tingent dans le détail duquel votre commission n'a pas
cru qu'il fût nécessaire d'entrer.

» Après avoir mûrement pesé les diverses considérations dont je viens de vous offrir un résumé succinct,
votre commission de 1861, comme celle de 1860, a
pensé que, *en présence de l'audace croissante des fai-*

seurs d'affaires, l'art. 405 du Code pénal ne protége pas suffisamment les malheureux qui se laissent prendre aux amorces de la spéculation.

» Elle a pensé qu'il ne suffisait pas de punir le mal consommé, qu'il convenait de le prévenir en interdisant formellement aux sociétés ordinaires *l'emploi des désignations caractéristiques de la société anonyme.*

» Dans son opinion, l'emploi illégal de *pareilles qualifications* devrait, indépendamment de toute manœuvre et même de toute intention frauduleuse, constituer une *contravention,* dont la répression serait d'autant mieux assurée que le juge aurait seulement à constater le fait matériel et n'aurait à appliquer que des peines relativement légères.

» Par ces diverses considérations, votre commission m'a chargé de vous proposer le renvoi de la pétition à M. le ministre de la justice et à M. le ministre de l'agriculture, du commerce et des travaux publics. »

(Les conclusions de la commission sont adoptées.)

Note à consulter à propos des Pétitions des commerçants sur l'Usurpation des titres de Compagnies, Sociétés, etc., soumise à la Commission du Sénat par les pétitionnaires de Paris.

« Les pétitionnaires ont fait ressortir que la liberté de prendre pour raison de commerce un titre abstrait, ou celui de *Compagnie* et de *Société,* était une liberté nuisible aux autres commerçants qui suivent les règles fixées par le Code.

» Cette licence a une autre conséquence pernicieuse pour l'ordre moral; c'est de laisser la faculté de dissimuler la responsabilité des personnes.

» L'artiste, le mécanicien, l'architecte, signent leurs œuvres; le commerçant honnête marque ses produits avec son nom; pour garantie de sa sincérité, il attache l'honneur de sa personne à tous ses actes, il s'identifie avec son entreprise avec la certitude de recueillir la gloire du succès ou la honte des échecs. On ne peut nier que cette solidarité entre les choses et le nom de ceux qui les font ne soit capable d'empêcher bien des défaillances de probité, si elle n'est pas un puissant mobile d'émulation.

» Mais, pour le commerçant qui abrite son entreprise sous un nom de fantaisie, dans lequel sa personnalité disparaît, il n'y a plus qu'un seul intérêt, celui du gain; sa réputation n'est pas plus engagée dans le succès que dans la défaite, l'opinion ne connaît que le nom de son entreprise. S'il y a avantage à commettre des fraudes, des surprises à la confiance publique, le gain justifiera tout, il n'y aura pas d'éclaboussure sur un nom d'homme.

» Si l'entreprise échoue et fait des dupes, pour l'esprit public, ce n'est pas *Bernard* ou *Jean* qui fait faillite, c'est un être fantastique, tel que celui de *Compagnie anglo-française.* Après la déconfiture, *Bernard* ou *Jean* peut recommencer les affaires sous le titre de *Société européenne* quelconque, avec les mêmes chances, le même appel à la confiance que la première fois; il a un nom tout neuf, sans précédents équivoques; et, pourvu qu'il ne franchisse pas la limite après laquelle apparaît le tribunal correctionnel, il fait fortune sur ce chemin d'honnêteté douteuse, en laissant la responsabilité des actes, de la sincérité des produits, de l'honorabilité commerciale à une collection d'associés qui n'existait pas; il n'a pris pour lui que les bénéfices.

» Laquelle de ces deux lignes de conduite mérite d'être encouragée?

» A coup sûr, ce n'est pas celle qui n'engage ni la conscience ni l'honneur des personnes devant l'opinion. Ce n'est pas celle qui fait d'un établissement commercial une spéculation sans éditeur responsable en face du public. Sans doute, l'auteur de la spéculation est justiciable de la loi; mais, quand la loi doit intervenir, le mal est fait, à l'aide de la qualification trompeuse, et la ruine des crédules est consommée sans réparation possible. Bien plus, quelle action efficace peut avoir un jugement contre une entité commerciale à deux figures : l'une qui, pour la notoriété publique, est une *Compagnie franco-belge* par exemple, l'autre qui, pour le tribunal, est un individu sous le nom de *Bernard* ou *Jean?* Si Bernard ou Jean est condamné pour malversation, pour dol, la Compagnie imaginaire, qui seule est connue du public, n'en éprouve aucun dommage; elle se maintient sans tache aux yeux de l'opinion, *ce n'est que son gérant qui a mal tourné,* et l'exploitation continue sans qu'on pense même à faire rejaillir une flétrissure sur l'établissement commercial exploité par le prévaricateur.

» **Les conséquences d'une condamnation judiciaire sont autrement graves pour un** chef de commerce qui couvre de son nom tous ses actes ; la chute de l'homme entraîne celle de l'industrie. S'il a manqué à l'honneur, la confiance s'éteint, et ce précédent pèse d'un poids très-lourd sur toute sa carrière commerciale.

» On voit donc qu'il n'y aurait pas justice à laisser subsister cet abus des *qualifications commerciales imaginaires*. L'industriel habile et probe n'en a pas besoin, cela est prouvé par les glorieuses listes des noms propres illustrés dans nos expositions ; mais le malhonnète homme s'en fait un abri, nous l'avons suffisamment démontré. De plus, la responsabilité personnelle, sentiment qui pousse aux grandes choses dans le commerce comme dans les arts, garantie morale de la plus haute valeur, ne tarderait pas à s'effacer de plus en plus, si on autorise par le laisser faire cette tendance effrénée à se servir de *qualifications mensongères*.

» Chaque jour, en effet, vient apporter une nouvelle preuve de l'abus qui est fait de ces dénominations et des funestes conséquences qu'il entraîne, non pas seulement pour le commerce, mais encore pour les particuliers qui n'hésitent pas à verser leurs capitaux entre les mains de gens inconnus, sur la foi d'un titre trompeur.

» Nous ne rappellerons pas ici les affaires, en si grand nombre, dont le scandale a retenti devant les tribunaux correctionnels, cela nous entraînerait trop loin ;

nous nous bornerons à en citer trois seulement, entre
toutes.

» On se rappelle la faillite scandaleuse de la *Compagnie des chemisiers français*. Sous ce titre, des capitaux
importants avaient été facilement réunis, sans que l'on
eût à prendre d'autre peine que de produire son titre.

» La Compagnie dite l'*Union des propriétaires* a été
plus scandaleuse encore, et cette affaire, qui a retenti
de nouveau devant le tribunal de police correctionnelle,
dans ces derniers temps, offre même un exemple de
l'abus tout à la fois d'une dénomination nobiliaire et
d'une dénomination commerciale également usurpées.

Il n'est besoin de rappeler ici que ce qui a trait à la
dénomination qui avait été donnée à l'entreprise. Voici
à cet égard comment s'exprimait l'officier du ministère
public : « Le prévenu instituait (1846) cette vaste en-
» treprise de l'*Union des propriétaires*, qui fut la source
» de tant de déceptions amères, et dont les spécula-
» tions frauduleuses l'amenèrent, lui, le fondateur et
» le chef de l'entreprise, sur les bancs de la police
» correctionnelle. »

» Ainsi, et tout récemment encore, le 28 juin (1860),
les débats d'une affaire portée devant le tribunal correctionnel de Marseille ont révélé avec quelle facilité
cette fraude réussit. Un sieur B., étranger à la ville
de Marseille, n'a eu qu'à se présenter dans cette
ville sous le titre pompeux de *gérant* de la *Compagnie
franco-belge*, dite Société en commandite, formée pour
la construction et l'exploitation d'une vaste raffinerie
de sucre; et aussitôt un grand nombre de souscriptions

ont été réalisées. Encouragé par ce succès, le sieur B. fit émettre de nouvelles actions de la *Compagnie franco-belge.*

« L'émission des nouvelles actions, lit-on dans le » rapport de l'affaire, *se fit avec la plus grande facilité,* » et la *Compagnie franco-belge* continua le cours au » moins apparent de ses prospérités. »

» Cette affaire vient d'avoir son dénoûment par une condamnation en police correctionnelle. Au moyen de ce titre pompeux de *Compagnie franco-belge,* le sieur B. a enlevé à la seule ville de Marseille, dans la seule année 1859, la souscription et le versement d'un nouveau capital de *deux millions.*

» Qu'il se fût présenté sous le nom de B. et Cie, à Marseille, où il n'était pas même connu, il n'aurait pas obtenu pour sa raffinerie de sucre une seule souscription.

» Mais il a soin de dissimuler son nom et de donner à la Société, qui ne pouvait se révéler au public que sous son nom patronymique parfaitement inconnu, le titre beaucoup plus significatif de *Compagnie franco-belge,* et aussitôt les souscriptions affluent de toutes parts, et la facilité dans les placements a tellement dépassé ses espérances en 1858, qu'immédiatement cette nouvelle souscription de deux millions est ouverte et réalisée dans la seule ville de Marseille pendant le cours de l'année 1859. »

Affaire de la Compagnie des chemisiers français.

« La chemise n'est plus, dit la *Gazette des Tribunaux,* comme elle était encore il y a vingt ans à peine, un vêtement d'une importance secondaire, sinon au point de vue de la beauté du tissu, au moins quant à l'élégance de la coupe; cet objet d'habillement n'est plus du ressort de la simple couturière, il est soumis, comme l'habit, le pantalon et le gilet, aux lois géométriques; à la couturière a succédé le tailleur de chemises; d'immenses fabriques de cette spécialité se sont fondées, de splendides magasins se sont ouverts sur tous les points de Paris; bref, le commerce des chemises est devenu tellement considérable, qu'il a donné naissance à des compagnies; ainsi, la *Compagnie des chemisiers français,* dont le siége était dans un magasin loué pour quinze ans, au prix de 12,000 francs par an pour les trois premières années, et 15,000 francs pour les douze dernières. Cette Compagnie a été fondée par un sieur C., au capital de 200,000 francs, représenté par 2,000 actions de 100 francs chacune. C. dressa les statuts de *sa Société,* versa d'avance 6,000 francs pour six mois de loyer du magasin, et fit des dépenses considérables de publicité.

» Par acte reçu devant notaire, C. déclarait que toutes les actions avaient été souscrites, et que le quart des versements avait été effectué. Il commanda des travaux dans le magasin, fit des dépenses considérables ; enfin, le 29 septembre 1859, il déposait son bilan et était déclaré en faillite.

» Le syndic estima l'actif à 1,759 francs, et le passif à environ 64,750 francs.

» C. a été renvoyé en police correctionnelle sous prévention : — 1° d'abus de confiance, pour avoir détourné ou dissipé au préjudice d'un sieur D. une traite de 500 francs ; — 2° d'escroquerie, pour s'être fait remettre des fonds et des marchandises, en prenant la fausse qualité de gérant de la Société en commandite : *Compagnie des chemisiers français*, et en employant des manœuvres frauduleuses pour persuader l'existence de fausses entreprises ; — 3° de banqueroute simple.

» Le rapport déposé par le syndic expose avec détail l'existence commerciale du prévenu ; ses entreprises successives à Toulouse et à Paris, entreprises formées sans ressources, sans crédit et (dit la prévention) n'ayant d'autre but que de tromper la confiance des tiers si facile par les nécessités même du commerce.

» C. a reconnu que l'acte constitutif de la *Compagnie des chemisiers français* n'avait rien de sérieux, qu'aucune action n'avait été souscrite, qu'il avait commencé, comme gérant, l'exploitation de sa Société sans conseil d'administration.

» Cette prétendue Société avait inspiré confiance aux fournisseurs. Suivant eux, C. leur disait qu'il attendait de Toulouse une somme de 15,000 francs. »

Le Tribunal a jugé que, sur le chef d'abus de con-

donna quittance et remit entre les mains des sollici-
teurs une sorte de titre ou de brevet de nomination.

» Les semaines s'écoulèrent, et cette installation pro-
mise qu'appelaient tant de vœux, tant d'impatiences
légitimes, s'éloignait chaque jour davantage. En vain
on voulut atteindre le sieur E. et le mettre en de-
meure d'expliquer les motifs de ce retard. Lui, dont
l'accès était si facile lorsqu'il s'agissait de cautionnements à prendre, devenait invisible, insaisissable pour
ceux qu'il avait exploités.

» Ceux-ci se lassèrent d'attendre. Une plainte fut dé-
posée au parquet de la Seine, et le chef de ce parquet
voulut connaître les secrets ressorts de cette entreprise.
Il voulut s'assurer du degré de confiance dont elle était
digne et de la moralité de ceux qui la dirigeaient.

» L'information révéla ce qui suit :

» L'*Union des propriétaires* n'avait aucune existence
sérieuse. Elle était, disait la presse, placée sous le
patronage d'un conseil de surveillance composé des
hommes les plus recommandables. Un pair de France,
grand officier de la Légion d'honneur, était en tête des
membres de ce conseil ! Et ceux-ci crièrent au scandale lorsqu'ils apprirent l'étrange abus qu'on avait fait
de leurs noms. Des banquiers justement accrédités
avaient garanti de leurs signatures l'avenir de l'entreprise ! Ces banquiers protestèrent contre ces imputa-
tions audacieuses. Tout respirait la fraude dans cette
Union des propriétaires. Cette entreprise n'était qu'un
piége tendu à la crédulité publique, et comme si tant
de mensonges ne devaient pas encore suffire, le direc-

teur, pour donner un nouvel éclat à son conseil de
surveillance, avait été chercher sur les bords de la
Garonne, en pleine Gascogne, un comte, un baron,
qui n'y avaient jamais vu le jour. »

Affaire de la COMPAGNIE FRANCO-BELGE.

C'est toujours la *Gazette des Tribunaux* qui parle :

« Dans les premiers jours du mois de décembre dernier, le commerce de Marseille tout entier se trouvait
sous le coup d'une vive émotion. Une société en commandite par actions, au capital de 5 millions, formée
pour la construction et l'exploitation d'une vaste raffinerie de sucre, et dont les opérations remontaient à
dix-huit mois à peine, venait de suspendre ses payements. Cette Société, connue sous le nom de *Compagnie
franco-belge,* avait pour gérant un sieur F., étranger
lui-même à la ville de Marseille, mais qui, patroné par
un banquier de Paris, y avait été accueilli avec la plus
extrême faveur. Des armateurs, comptant que la nouvelle raffinerie ferait une concurrence utile pour eux
au seul établissement important de ce genre existant à
Marseille, s'étaient empressés d'apporter à F. le con-
cours de leurs capitaux et de leur crédit. Ses actions
avaient donc été presque immédiatement souscrites,
et le conseil de surveillance avait été composé des
hommes les plus justement considérés du commerce
marseillais.

» C'est au mois d'avril 1858 que la Société commençait ses opérations. Son capital n'était alors que de 3 millions, représentés par six mille actions de 500 fr. chaque. L'usine était à peine en mouvement, que déjà le gérant annonçait les plus beaux résultats. Dès le mois d'août 1858, et conformément aux statuts, il distribuait aux actionnaires 2 1/2 pour 100 à titre d'intérêts.

» Au mois de janvier 1859, il réunissait le conseil de surveillance et lui soumettait un inventaire établissant que, dans le seul espace de sept mois, et avec un capital de 3 millions, la Société avait fait un bénéfice de 1,133,000 francs, ce qui permettait de distribuer, indépendamment des 15 p. 100 attribués au gérant et des retenues diverses établies par les statuts, un bénéfice de 133 francs par action de 500 francs.

» Le gérant affirmait encore que ses bénéfices eussent été bien autrement beaux s'il avait eu un capital qui lui permît d'étendre davantage ses opérations, et il demandait que le fonds social fût porté de 3 millions à 5 millions. Ses propositions ne rencontrèrent aucun obstacle, et, sur le rapport du président du conseil de surveillance, l'assemblée générale des actionnaires vota avec enthousiasme l'augmentation du capital, et porta même, sur la demande d'un membre du conseil, la part du gérant dans les bénéfices de 15 à 20 p. 100.

» L'émission des nouvelles actions se fit avec la plus grande facilité, et la *Compagnie franco-belge* continua le cours au moins apparent de ses prospérités.

» Dans chaque réunion mensuelle, le gérant annonçait

de nouveaux bénéfices, et appuyait ses assertions sur des états de situation dont personne n'eût osé mettre en doute la sincérité. Ainsi, à l'en croire, au mois de juillet il y avait déjà 350,000 fr. de bénéfices pour l'exercice 1859, et on distribuait aux actionnaires 2 1/2 pour 100 à titre d'intérêts. Dans la réunion du 10 septembre, il assurait qu'en août on avait fait 120,000 fr. de bénéfices. En octobre, il prétendait que les bénéfices de septembre n'avaient pas été moindres de 190,000 fr. Le 15 novembre, le conseil de surveillance se réunissait pour la dernière fois, et recevait encore l'annonce d'un bénéfice de 62,000 fr. On concevra dès lors sans peine que, lorsque, quinze jours plus tard, la suspension des payements fut annoncée, cette nouvelle excita de tous les côtés un véritable sentiment de stupéfaction. Beaucoup refusèrent d'y croire et consentirent à peine à admettre une gêne momentanée, quelques-uns même s'empressèrent d'acheter les actions tombées en un jour de 470 à 230 fr. pour descendre bien plus bas encore. Mais la vérité devait enfin se faire jour. Le gérant, rappelé à la hâte de Paris, où il s'efforçait en vain de se créer des ressources afin de prolonger sa vie commerciale, fut vivement interpellé, et promit de rendre compte de sa situation, qu'il avait toujours, disait-il, crue prospère.

» Cet examen n'était pas, à ce qu'il paraît, bien difficile, car, dès le lendemain, il était forcé de convenir qu'au lieu des 700,000 fr. de bénéfices qu'il annonçait quinze jours auparavant, il y avait une perte de 2 millions 500 francs. La moitié du capital social, selon lui, était donc déjà absorbée. Mais ces aveux étaient encore loin de la vérité. Des liquidateurs nommés par le tribunal de commerce, approfondissant complétement la situation, reconnaissaient que le capital social tout entier était dévoré, et qu'il n'y avait même pas somme suffisante pour payer les créanciers. Aujourd'hui ceux-ci seront heureux s'ils obtiennent 50 p. 100 de ce qui leur est dû. Quant aux actionnaires, non-seulement leur avoir est dissipé, mais ils se trouvent encore exposés à des recours de la part des créanciers.

» Ces circonstances étaient trop graves pour ne pas appeler l'attention du ministère public. Comment un gérant, qui distribuait au 1ᵉʳ janvier un dividende de 33 p. 100 à ses actionnaires, et qui ne cessait d'annoncer de nouveaux bénéfices, se trouvait-il tout à coup en état de suspension de payements ? Ne devait-on pas croire que ce dividende n'avait été qu'un leurre pour obtenir le versement d'un nouveau capital de deux millions ? La conduite du gérant ne tombait-elle pas sous l'application de la loi du 17 juillet 1856 sur les sociétés en commandite, qui déclare les gérants de mauvaise foi passibles, dans ce cas, des peines portées par l'article 405 du Code pénal ? Ce fut en effet l'avis du procureur impérial de Marseille. Une information fut requise par ce magistrat, le gérant fut arrêté, des experts furent chargés d'examiner les registres de la société, et, dans les derniers jours de mai, une ordonnance de M. le juge d'instruction renvoyait le *gérant de la Société franco-belge* devant le tribunal de police correctionnelle comme prévenu : — 1° d'avoir, par la publication faite de mauvaise foi de faits faux, obtenu des souscriptions ou des versements; — 2° d'avoir, en l'absence d'inventaire ou au moyen d'inventaire frauduleux, opéré entre les actionnaires la répartition de dividendes non réellement acquis à la Société; — 3° de s'être rendu coupable du délit de banqueroute simple en ne faisant pas exactement inventaire, ou parce que ses livres ou inventaires avaient été incomplets ou irrégulièrement tenus, et n'offraient pas sa véritable situation active et passive.

» Les débats de cette affaire, qui passionnait vivement le public marseillais, se sont ouverts le 11 juin, et ont absorbé six audiences. De nombreux intérêts étaient engagés dans le procès fait au gérant de la Société franco-belge. Un grand nombre de petits propriétaires, d'ouvriers, de domestiques, attirés par les bénéfices énormes qu'on annonçait, avaient placé dans cette opération les épargnes de toute leur vie. On citait un capitaine de marine bien aimé, estimé de tout le monde, père de famille, arrivé à l'âge du repos, qui y avait mis toute sa fortune, et qui, sous peine de mourir de faim, avait dû reprendre la mer le lendemain du désastre, aussi pauvre qu'à son entrée dans la vie. »

« Tels étaient les exemples mis sous les yeux du Sénat et auxquels faisait allusion M. le sénateur Bonjean dans son rapport. Toutefois, malgré les conclusions si énergiques de ce rapport, aucun remède n'a été encore apl'État. Lorsqu'on procéda à la liquidation de cette Société, on trouva des obligations de messes à dire pour un chiffre énorme, quelque chose comme vingt ou trente mille messes *qui avaient,* suivant l'usage, *été payées à l'avance et n'avaient jamais été dites.* C'est l'impossibilité d'exécuter de pareils engagements qui a donné naissance *au commerce* dont il sera question dans cette affaire. »

Une Société fut donc fondée sous le titre de *Caisse des économies du clergé.* Elle avait pour objet de « procurer au clergé le moyen de faire fructifier ses économies, tout en accomplissant des œuvres vraiment méritoires ». Ces derniers mots se rapportaient aux messes payées, dues et non dites. On peut lire dans la *Gazette* les *statuts de la Caisse des économies du clergé,* on y verra l'article 3 qui est ainsi conçu : « *La Caisse des économies du clergé reçoit toutes les sommes qui lui sont confiées, à partir de cent francs.* »

« Mais comme les sommes ainsi confiées n'étaient pas rendues, il y eut poursuite et condamnation. »

---

*Affaire de l'*AGENCE COMMERCIALE ET INTERNATIONALE.

Escroquerie. — Une Agence commerciale
et internationale.

« *The international and commercial agency* reçoit en consignation et n'achète jamais pour son compte toutes espèces de marchandises, les vend comptant et les paye en un bon à vue de son banquier de Londres sur son correspondant *à Paris*, retire les laissés pour compte, les vend et les paye de la même manière, prête sur marchandises, se charge de régler toutes contestations entre négociants, prend des commissions sur échantillon, dirige avec soin toutes affaires. » (*Gazette.*)

Cette Société qui, sous un titre pompeux, n'avait d'autre objet que de prendre des marchandises de toutes mains, contre des bons sans aucune valeur, avait été organisée par une foule d'individus qui ont été condamnés à diverses peines.

Affaire de la CAISSE DES EXPROPRIÉS.

Un jugement déclarait en faillite une Société dite *Caisse des expropriés.* Cette Société n'était en réalité que la dernière phase d'une seule et même entreprise, s'étant d'abord appelée la *Caisse de Montmartre.*

« Les prévenus proposaient aux expropriés de leur avancer tout ou partie des indemnités auxquelles ils auraient droit. Afin de se procurer les ressources nécessaires à cette entreprise, ils firent appel aux fonds du public ; c'est cette entreprise qui prit le nom de *Caisse des expropriés.* » (*Gazette des Tribunaux.*)

Sur la foi de ce titre, des versements furent faits dont il a été impossible de justifier l'emploi.

Des condamnations à diverses peines ont été prononcées.

Affaire de « LE TRAFIC GÉNÉRAL INTERNATIONAL ».

Tribunal correctionnel de Paris (7ᵉ chambre). — Présidence
de **M.** Rohault de Fleury.

*Un portier directeur d'une grande affaire industrielle.
— Le Trafic général international.*

« **M.** *le Président* au prévenu. — Vous étiez portier?

Le prévenu. — Non, c'est ma femme qui était
concierge; moi, il avait été convenu avec le propriétaire que je resterais étranger aux fonctions de la
loge.

» **M.** *le président.* — Combien donc aviez-vous pour
fonder le *Trafic général international?*

» *Le prévenu.* — J'avais 200 francs.

» Aux termes des prospectus, dit le réquisitoire, la
Société devait embrasser dans le cercle de ses opérations un grand nombre d'entreprises commerciales et
financières, et il était énoncé qu'elle avait à sa disposition un organe de publicité intitulé *le Trafic international.* »

Quelques dupes se laissèrent prendre aux annonces
faites. — Condamnation est intervenue.

Affaire de la CAISSE INDUSTRIELLE.

Caisse et journal le Siècle industriel. — *Opérations de
Banque et de Bourse.* — *Formation d'une Société en
commandite au capital de* 800,000 *francs.*

Extrait du réquisitoire. — « G. a été condamné
deux fois dans l'espace de quelques mois, pour dé-
sertion à l'intérieur. Rentré dans la vie civile, il se
rend coupable, avec son frère, de vols de bijoux
pour lesquels il a été condamné à Paris à dix-huit
mois de prison. En 1855, il fait sa première apparition
dans le monde financier par la fondation du *Journal
des Consommateurs.....* qui devient *le Siècle industriel?* — Le 29 janvier 1856, il publie son 21ᵉ numéro;
pour forcer la confiance du public, le gérant n'hésite
pas à inscrire sur cette feuille le n° 321 ; puis, le 11 mars,
sous le titre *Caisse et journal le Siècle industriel*, il annonce *la formation d'une Société en commandite au capital de* 800,000 *francs.*

» Cet appel n'ayant pas trouvé d'écho, le 10 juillet
1856, l'idée se reproduit sous le titre d'*Opérations de
Banque et de Bourse.* (Ici le réquisitoire signale une
foule de manœuvres pour appeler des versements de
fonds), puis il continue :

» A partir du 9 mai 1861, l'annonce relative aux
avances de fonds par la *Caisse* prend une rédaction

nouvelle : «. *Avis aux actionnaires ; avances de fonds* » *pour ventes et achats,* 75 pour 100. »

» D'après ses livres, le prévenu aurait reçu, pendant le 2ᵉ trimestre de 1859, des titres pour une valeur de 776,000 francs. Dans le cours de 1860, les dépôts faits auraient atteint le chiffre de 6,581,998 francs. Du 1ᵉʳ janvier au 9 novembre 1861, les dépôts en titres se seraient élevés à 9,086,811 fr. 94 c., et en argent, environ à 600,000 francs.

» Aux déposants, il faisait signer à son profit un acte de transfert au comptant des titres déposés; puis, par un second acte, il les leur transférait à terme à soixante, quatre-vingt-dix ou cent quatre-vingts jours, selon l'échéance du prêt.

» Or, les déposants ont protesté énergiquement contre la pensée, chez eux, de lui concéder le droit de disposer de leurs titres. Dépositaire infidèle, il trafiquait des titres à la Bourse; *le déficit sur les titres, au 9 novembre 1861,* s'élevait à 2,270,335 fr. 89 c.; et, à chaque liquidation, il couvrait par les sommes déposées le déficit que lui imposaient ses spéculations. »

Jugement du tribunal correctionnel de Paris prononçant une condamnation à six ans de prison, 10,000 francs d'amende, dix ans d'interdiction et dix ans de surveillance de la haute police; ordonne, en outre, l'insertion et l'affiche du jugement, et fixe à cinq ans la durée de la contrainte par corps.

Ainsi, voilà un individu qui, après avoir été condamné d'abord deux fois comme *déserteur* et ensuite pour *vol de bijoux,* a pu, en fondant une Société sous le titre de *Caisse industrielle*, disposer d'une manière absolue d'un crédit tel que le déficit signalé à une époque donnée s'est élevé à plus de *deux millions*.

---

*Affaire de l'*Agence internationale anglo-franco-belge.

Cette entreprise, dont les détails viennent d'être révélés sur des poursuites toutes récentes (janvier 1863), avait été montée après deux faillites et avec tant d'habileté, qu'elle a été vendue à des négociants honorables qui, après avoir donné leur argent, sur la foi *du titre*, n'ont eu d'autre ressource que de recourir à la justice répressive.

Pour terminer cette triste nomenclature, qui est loin d'être complète, il reste à signaler une dernière affaire qui a eu les honneurs de la *cour d'assises*, parce que, aux manœuvres frauduleuses résultant de l'emploi d'une *fausse dénomination commerciale*, s'est trouvée jointe une accusation de faux dans les écritures.

Affaire du Comptoir général de commission, reports et escomptes.

« Il s'agissait dans cette affaire de faire décider par le jury quelle était la part de responsabilité qui revenait à chacun des accusés dans la catastrophe qui avait mis fin aux opérations d'une institution financière créée sous le patronage d'un journal, et destinée, sous le nom de *Comptoir général de commission, reports et escomptes,* à grouper autour d'elle les intérêts financiers du parti représenté par ce journal. » (*Gazette des Tribunaux.*)

Sur la double déclaration du jury qui a été appelé, à raison d'une contumace, à se prononcer deux fois sur cette accusation, deux arrêts de la cour d'assises (août 1860 et mars 1861) ont condamné les accusés à diverses peines.

————

Tels sont les nombreux abus que doit entraîner cette fâcheuse tolérance qui autorise des commerçants à employer certaines dénominations auxquelles ils n'ont aucun droit. On voit, par les citations qui viennent d'être faites, combien il importerait à la sécurité du commerce qu'il fût enfin apporté remède au mal dont la commission du Sénat a reconnu toute la gravité, lorsqu'elle a déclaré par l'organe de son rapporteur, dans la séance du 27 avril 1861 :

« Que, *en présence de l'audace croissante des faiseurs*
» *d'affaires,* l'article 405 du Code pénal ne protégeait
» pas suffisamment les malheureux qui se laissent
» prendre aux amorces de la spéculation ;

» *Qu'il convenait de prévenir le mal en interdisant*

» *formellement aux sociétés ordinaires l'*EMPLOI DES DÉSI-
» GNATIONS CARACTÉRISTIQUES DE LA SOCIÉTÉ ANONYME;
   » *Que, dans son opinion, l'emploi illégal de* PAREILLES
» QUALIFICATIONS *devrait, indépendamment de toute ma-*
» *nœuvre et même de toute intention frauduleuse, consti-*
» *tuer une* CONTRAVENTION, *dont la répression serait*
» *d'autant mieux assurée que le juge aurait seulement à*
» *constater le fait matériel et n'aurait à appliquer que*
» *des peines relativement légères.* »

FIN.

PARIS. TYPOGRAPHIE DE HENRI PLON, IMPRIMEUR DE L'EMPEREUR, RUE GARANCIÈRE, 8.

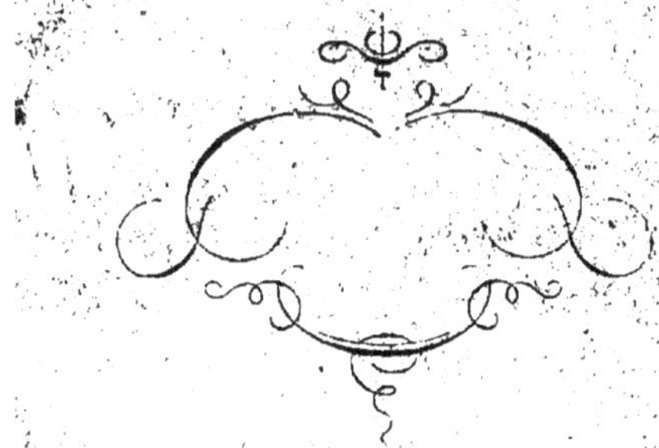

PARIS. TYPOGRAPHIE DE HENRI PLON, IMPRIMEUR DE L'EMPEREUR, RUE GARANCIÈRE, 8.